SOCCER ON BRASS

WSOB-18-001

サッカー・オン・ブラス "CLASSICAL"

編曲：三浦秀秋

WSOB-18-001

サッカー・オン・ブラス "CLASSICAL"

編曲：三浦秀秋

● Instrumentation

- Piccolo
- Flutes 1 & 2
- Oboes 1 (& *2)
- Bassoons 1 (& *2)
- E♭ Clarinet
- B♭ Clarinet 1
- B♭ Clarinet 2
- B♭ Clarinet 3
- Alto Clarinet
- Bass Clarinet
- Alto Saxophone 1
- Alto Saxophone 2
- Tenor Saxophone
- Baritone Saxophone
- B♭ Trumpet 1
- B♭ Trumpet 2
- B♭ Trumpet 3 & Flugelhorn
- F Horns 1 & 2
- F Horns 3 & 4
- Trombone 1
- Trombone 2
- Bass Trombone
- Euphonium
- Tuba
- String Bass
- Harp
- *Keyboard
- Timpani
- Percussion 1
  - ... Tam-tam, Suspended Cymbal, Crash Cymbals, Wind Chime
- Percussion 2
  - ... Low Tom, Snare Drum
- Percussion 3
  - ... *Vibraphone, Bass Drum
- Percussion 4
  - ... Glockenspiel

＊イタリック表記の楽譜はオプション

● アレンジ解説

　シエナ・ウインド・オーケストラのためのシンフォニックなサッカーメドレーです。サッカー好きなら一度は聞いたことがある名曲を、吹奏楽の持つ色とりどりのクラシカルサウンドを使ってアレンジしました。
　この度の出版に際し、完全プロ向けであるレコーディング譜のサウンド感はそのままに、より多くの楽団に親しんでいただけるよう、オーケストレーションを全体的に見直しました。(by 三浦秀秋)

● 編曲者プロフィール：三浦秀秋　Hideaki Miura

　1982年生まれ。東京都在住。中学・高校と吹奏楽部でトロンボーンを吹く傍ら作編曲に興味を持ち、次第にそちらの世界に踏み込むようになる。高校卒業後、専門学校東京ミュージック＆メディアアーツ尚美に入学し、作曲を川崎絵都夫、松尾祐孝の両氏に、ポピュラー・ジャズ理論を篠崎秀樹氏に師事。2004年3月、同校を卒業。現在オーケストラ、吹奏楽、各種商業音楽など幅広いジャンルに作・編曲をしている。
　最近の目立った仕事としては、京都市交響楽団＆加藤ミリヤ・オーケストラコンサートアレンジや、加藤登紀子シングルアレンジ、「ニュー・サウンズ・イン・ブラス」編曲参加など。現在、洗足学園音楽大学講師。

2003年、日本現代音楽協会「コントラバス・フェスタ」に公募入選、出品。
2004年、2005年、2013年、2017年、"響宴"に入選、出品。

● 演奏時間

8分10秒

● 収録CD

『サッカー・オン・ブラス』(エイベックス・クラシックス／AVCL-25491)
佐渡 裕 指揮　シエナ・ウインド・オーケストラ
Track 02　サッカー・オン・ブラス "CLASSICAL"

ジャケット写真・デザイン提供：エイベックス・エンタテイメント株式会社

("Aida" Triumphal March ~Act II : Finale)

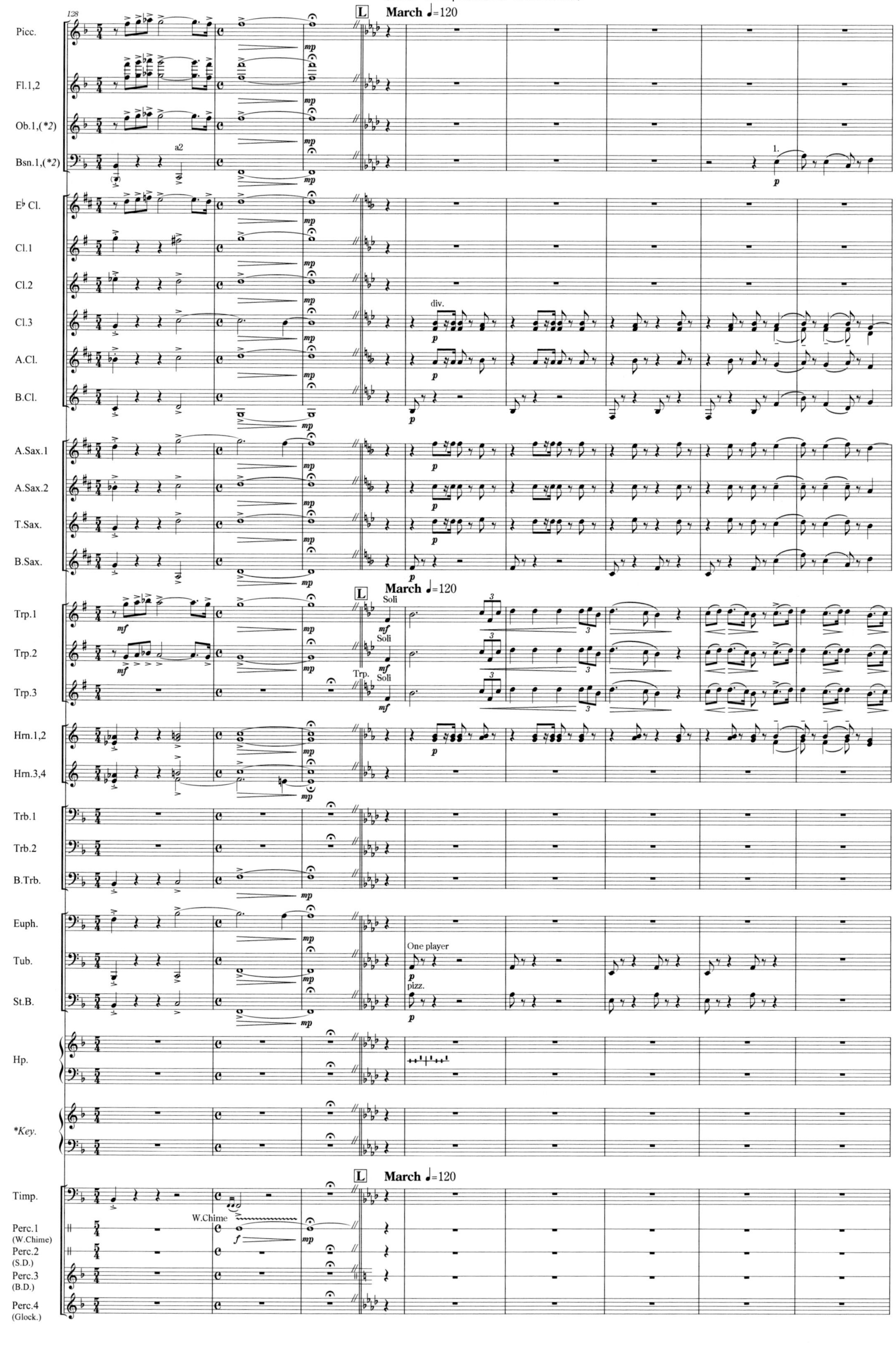

ご注文について

ウィンズスコアの商品は全国の楽器店、ならびに書店にてお求めになれますが、店頭でのご購入が困難な場合、当社PC&モバイルサイト・FAX・電話からのご注文で、直接ご購入が可能です。

◎**当社PCサイトでのご注文方法**
http://www.winds-score.com
上記のURLへアクセスし、WEBショップにてご注文ください。

◎**FAXでのご注文方法**
FAX.03-6809-0594
24時間、ご注文を承ります。当社サイトよりFAXご注文用紙をダウンロードし、印刷、ご記入の上ご送信ください。

◎**お電話でのご注文方法**
TEL.0120-713-771
営業時間内に電話いただければ、電話にてご注文を承ります。

◎**モバイルサイトでのご注文方法**
右のQRコードを読み取ってアクセスいただくか、URLを直接ご入力ください。

※この出版物の全部または一部を権利者に無断で複製(コピー)することは、著作権の侵害にあたり、著作権法により罰せられます。

※造本には十分注意しておりますが、万一、落丁・乱丁などの不良品がありましたらお取り替えいたします。また、ご意見・ご感想もホームページより受け付けておりますので、お気軽にお問い合わせください。

Baritone Saxophone

サッカー・オン・ブラス "CLASSICAL" - 2

Tenor Saxophone

Tenor Saxophone

サッカー・オン・ブラス "CLASSICAL"

三浦秀秋 編曲

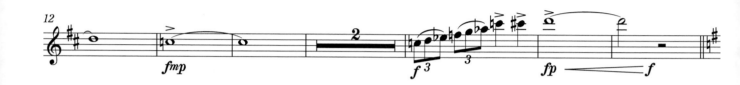

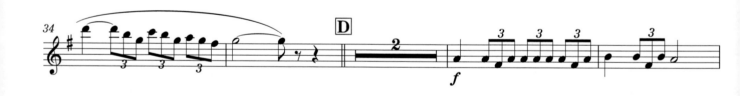

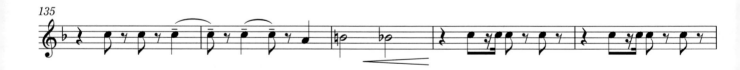

サッカー・オン・ブラス "CLASSICAL"

Alto Saxophone 1

三浦秀秋 編曲

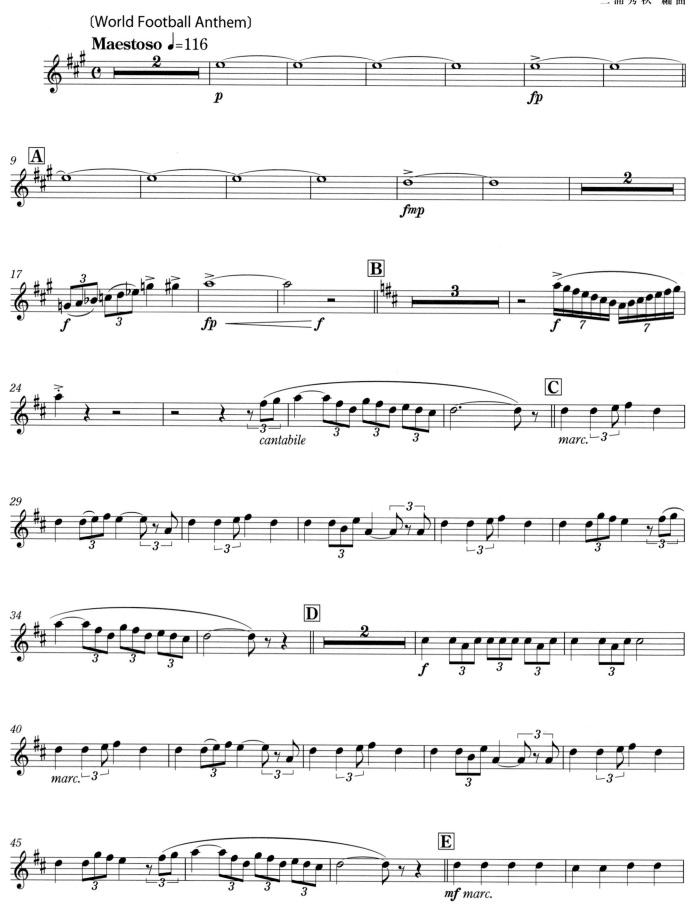

Bass Clarinet

サッカー・オン・ブラス "CLASSICAL"

(World Football Anthem)

三浦秀秋 編曲

Bass Clarinet

Alto Clarinet

Alto Clarinet

サッカー・オン・ブラス "CLASSICAL"

三浦秀秋 編曲

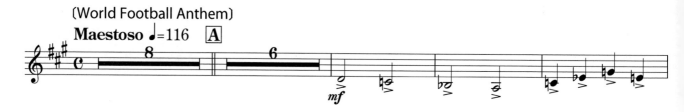

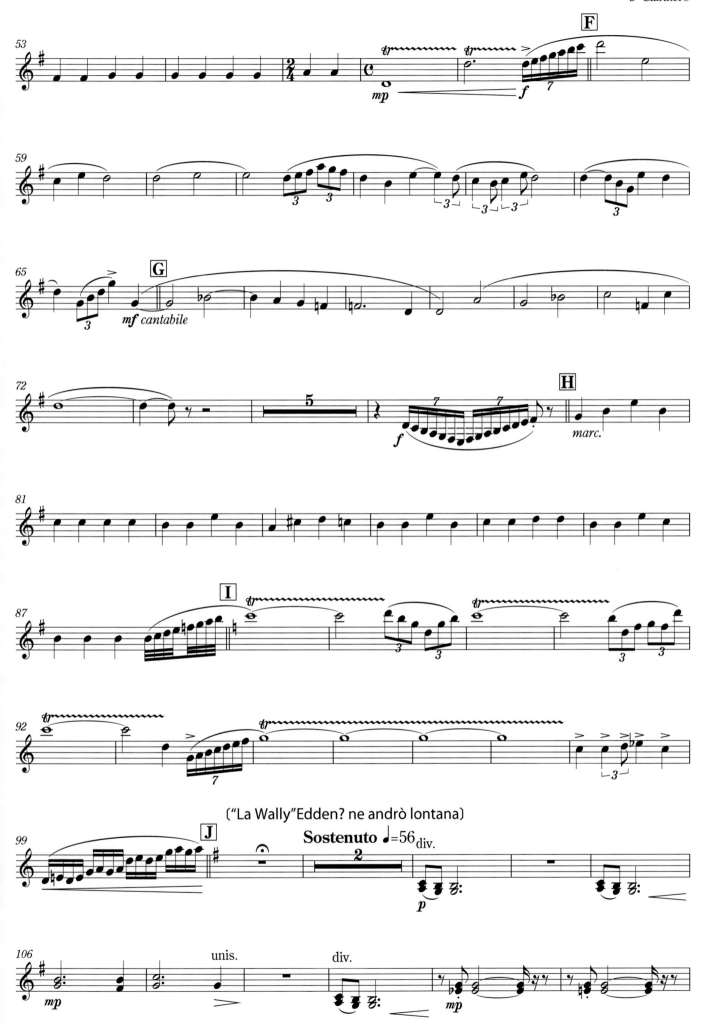

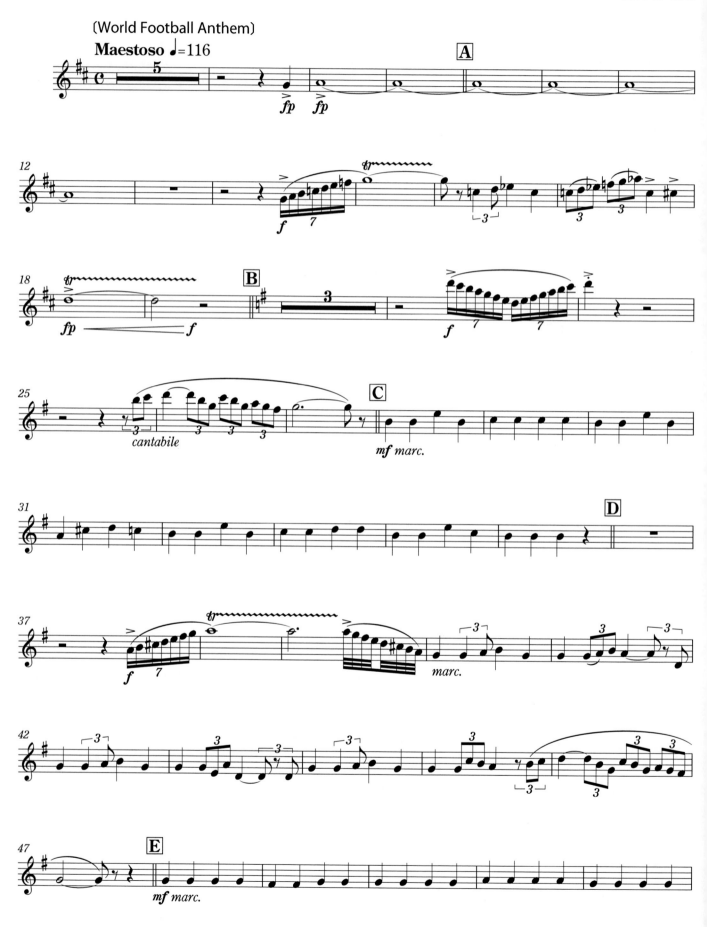

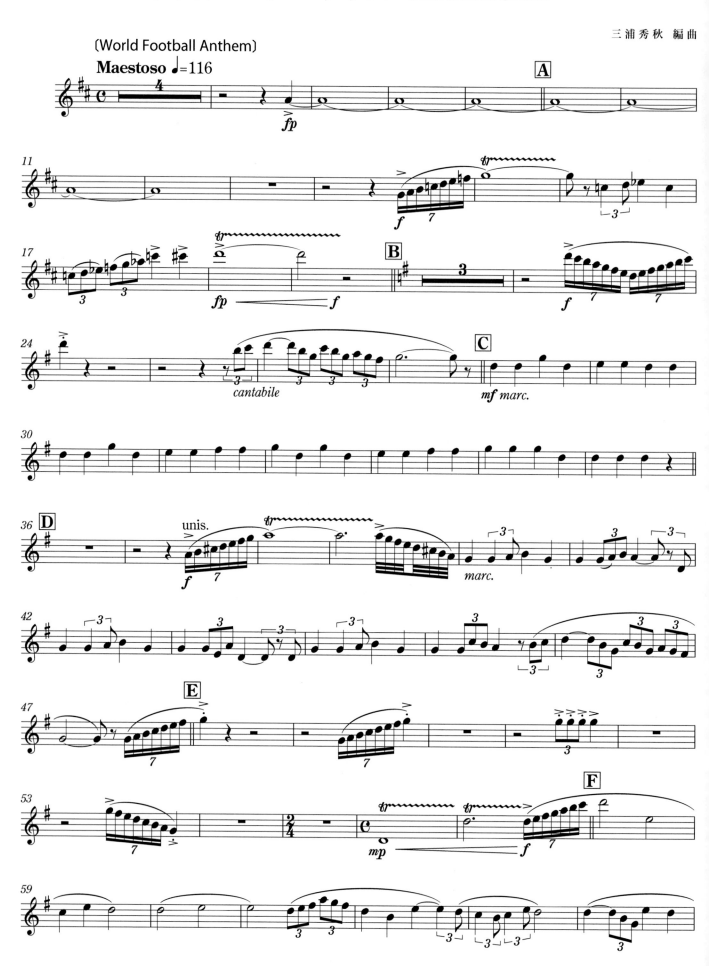

Bassoons 1&2

サッカー・オン・ブラス "CLASSICAL"

(World Football Anthem)

三浦秀秋 編曲

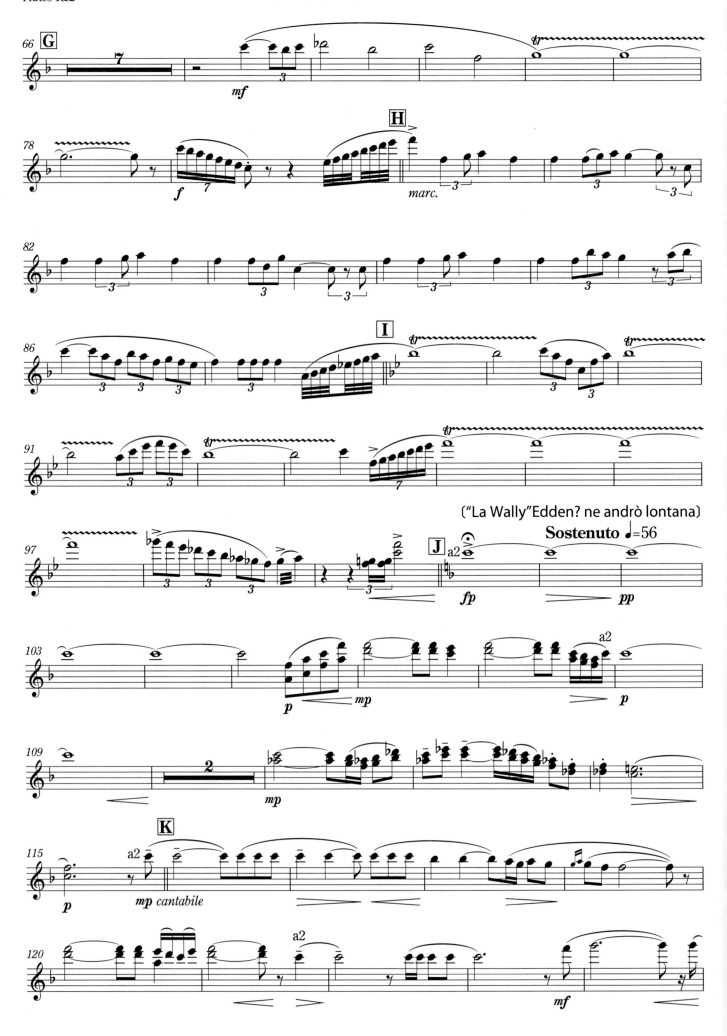

Flutes 1&2

Piccolo

("Aida" Triumphal March ~Act II : Finale)

サッカー・オン・ブラス "CLASSICAL"

Piccolo

三浦秀秋 編曲

(World Football Anthem) Maestoso ♩=116

Percussion 4
Glockenspiel

サッカー・オン・ブラス "CLASSICAL"

三浦秀秋 編曲

Percussion 3
Vibraphone, Bass Drum

サッカー・オン・ブラス "CLASSICAL"

(World Football Anthem)

三浦秀秋 編曲

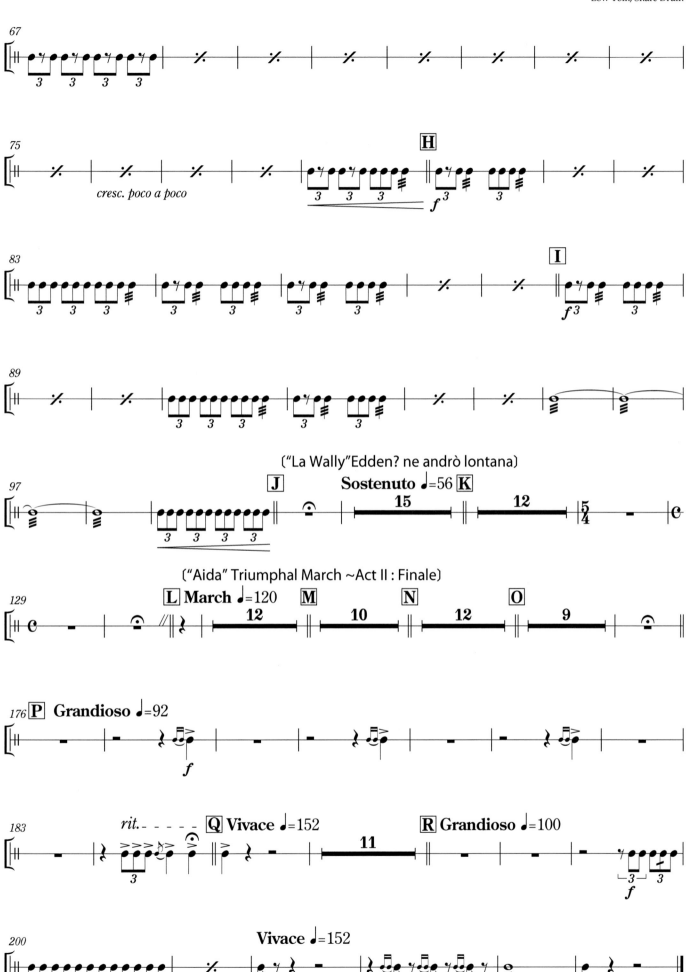

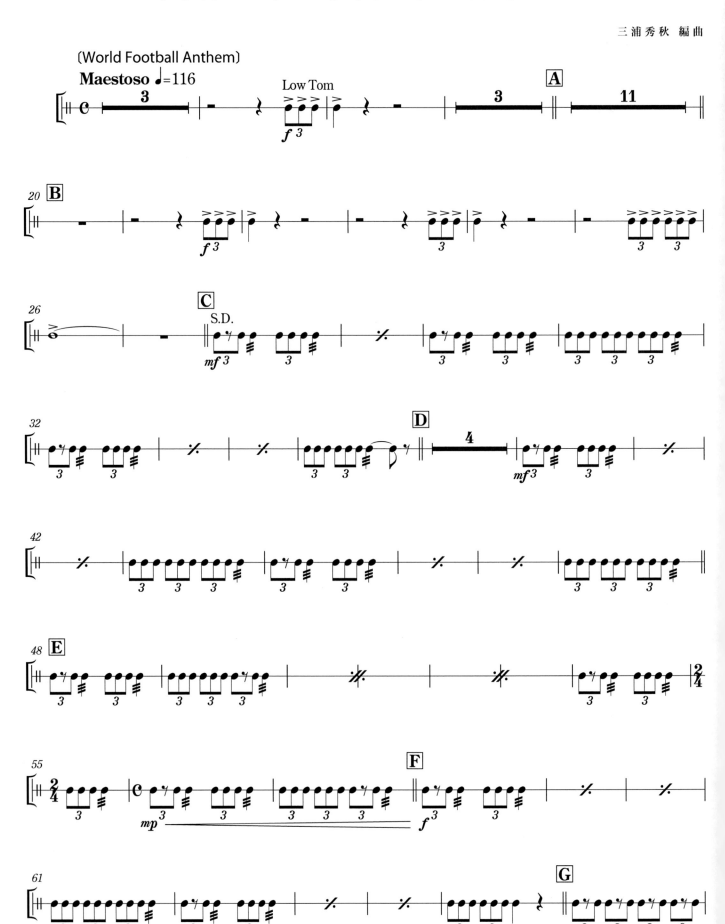

MEMO

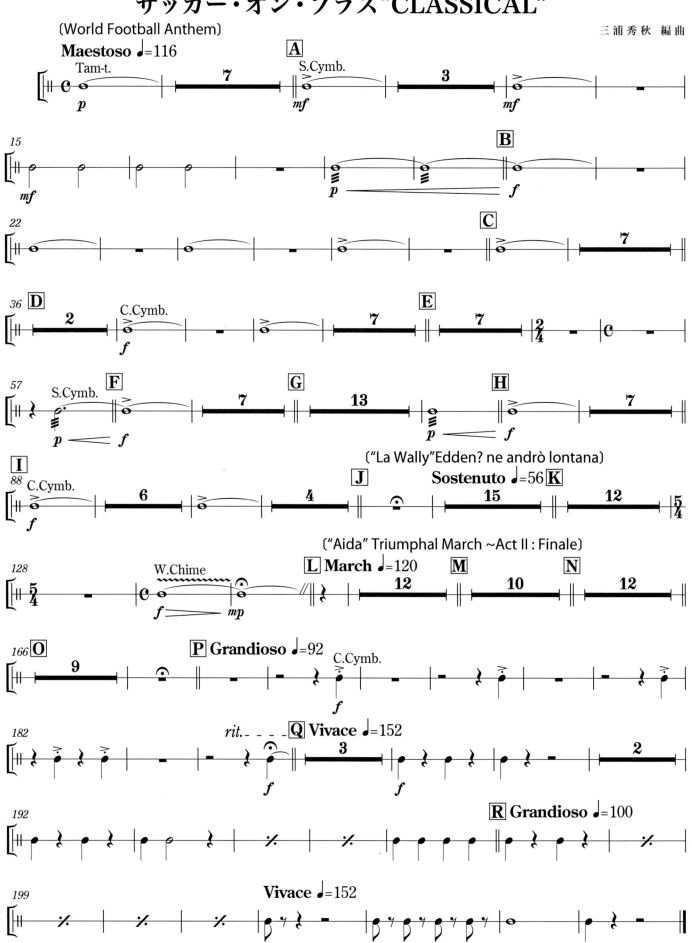

Timpani

サッカー・オン・ブラス "CLASSICAL"

(World Football Anthem)

三浦秀秋 編曲

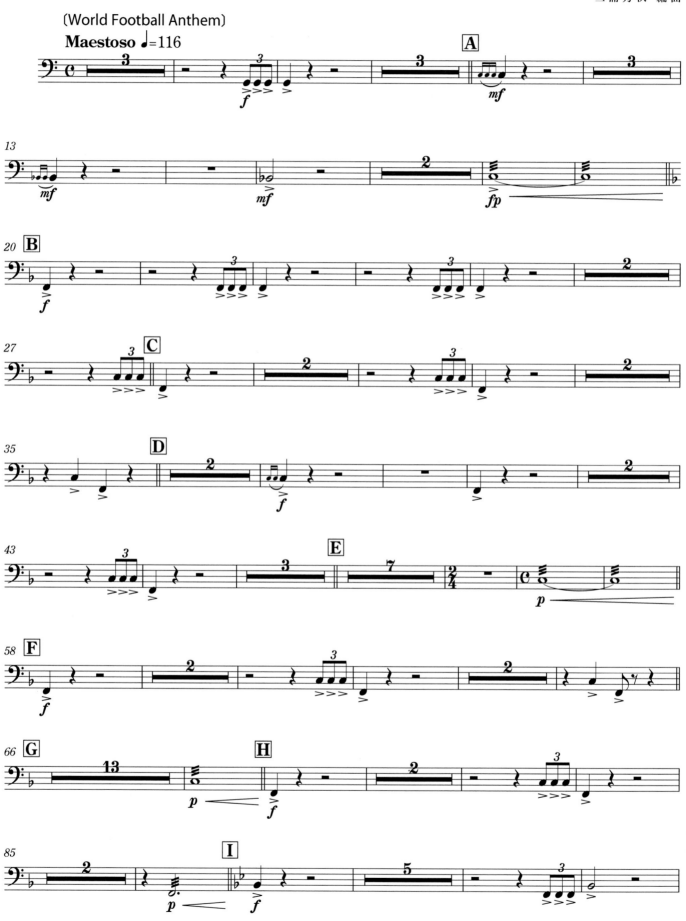

サッカー・オン・ブラス "CLASSICAL"

三浦秀秋 編曲

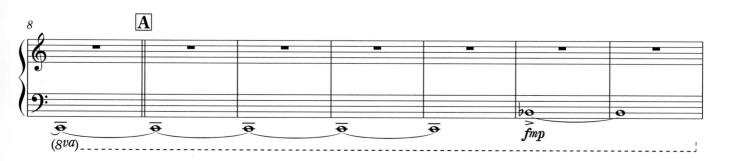

("La Wally"Edden? ne andrò lontana)

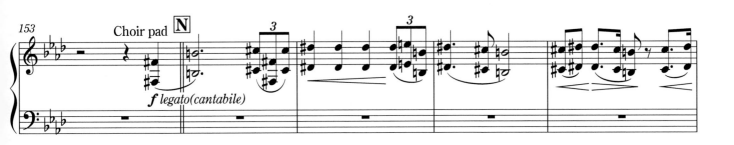

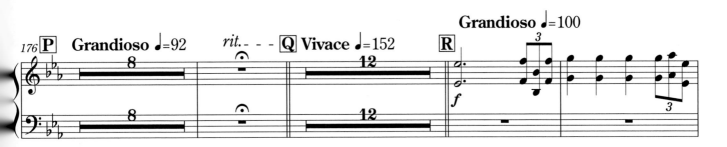

Keyboard

Harp

サッカー・オン・ブラス"CLASSICAL"

三浦秀秋 編曲

(World Football Anthem)

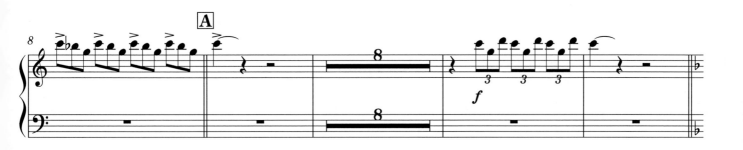

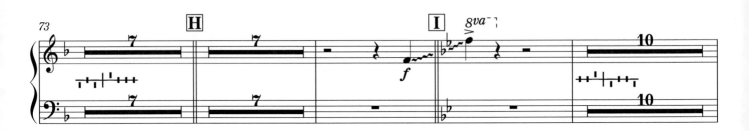

("La Wally"Edden? ne andrò lontana)

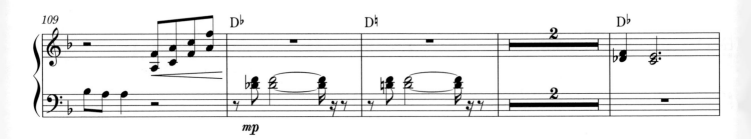

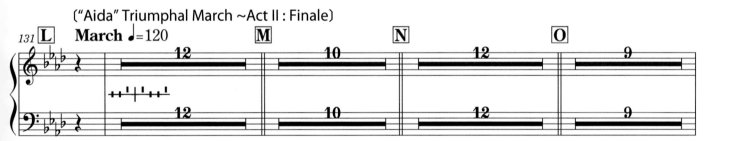

("Aida" Triumphal March ~Act II : Finale)

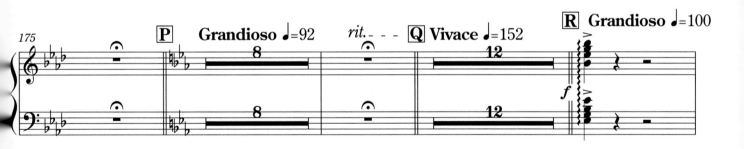

Harp

String Bass

サッカー・オン・ブラス "CLASSICAL"

(World Football Anthem)

三浦秀秋 編曲

Tuba

サッカー・オン・ブラス "CLASSICAL"

(World Football Anthem)

三浦秀秋 編曲

Euphonium

サッカー・オン・ブラス "CLASSICAL"

三浦秀秋 編曲

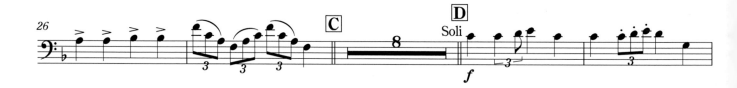

F Horns 3&4

サッカー・オン・ブラス "CLASSICAL"

三浦秀秋 編曲

サッカー・オン・ブラス "CLASSICAL"

三浦秀秋 編曲

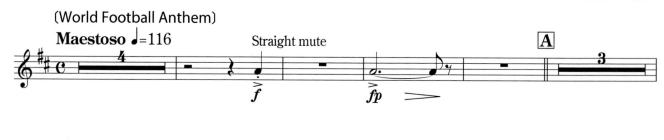